# CM1

# CHOUETTE ZOOM

## Mesure Géométrie

**Albert Cohen**                    **Jean Roullier**

HATIER

COLLECTION
CHOUETTE

# Mesurer des longueurs

• Dans un tableau de conversion, **on place le chiffre des unités dans la colonne de l'unité de mesure choisie,** puis on complète avec un chiffre par colonne de la droite vers la gauche.

| km | hm | dam | m | dm | cm | mm |
|----|----|-----|---|----|----|----|
|    | 0  | 3   | 5 | 4  | 2  | 0  |

3 542 cm

• Pour exprimer ce nombre dans une autre unité :

**– unité plus petite :**
on ajoute des zéros à la droite du nombre :

3 542 cm = 35 420 mm

**– unité plus grande :**

- on ajoute zéro et la virgule à gauche du nombre :

3 542 cm = 0,354 2 hm

- on place la virgule à droite de la nouvelle unité de mesure désirée :

3 542 cm = 35,42 m.

**1** - Complète le tableau.

| | km | hm | dam | m | dm | cm | mm |
|---|----|----|-----|---|----|----|----|
| 5 km 90 m | 5 | 0 | 9 | 0 | | | |
| 4 500 m | | | | | | | |
| 635 dm 1 mm | | | | | | | |
| 6 dam 4 m 5 dm | | | | | | | |
| 25 m 30 mm | | | | | | | |
| 2 453 mm | | | | | | | |
| 80 hm 61 dm | | | | | | | |

**2** - Exprime les mesures dans l'unité demandée, puis reporte-les dans le tableau.

| km | hm | dam | m | dm | cm | mm |
|----|----|-----|---|----|----|----|
| 5  | 0  | 0   | 3 |    |    |    |
|    |    |     |   |    |    |    |
|    |    |     |   |    |    |    |
|    |    |     |   |    |    |    |
|    |    |     |   |    |    |    |
|    |    |     |   |    |    |    |

5 km 3 m = 5 003 m

33 hm = .................. dm

500 dam = .................. km

7 hm 8 dm = .................. mm

200 m = .................. cm

38 hm 24 m = .................. dm

**3** - Même exercice, mais à toi de construire le tableau de conversion.

89 m = 0,089 km

61 m = .................. km

2 435 m = .................. km

365 mm = .................. m

9 071 dm = .................. hm

5 364 mm = .................. m

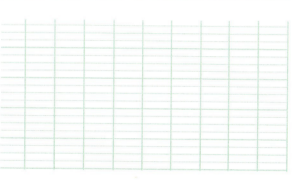

**4** - Complète.

1,3 km = .................. m     5 900 m = .................. km

18 631 hm = .................. cm     7,64 km = .................. dm

14 325 cm = .................. m     671 dm = .................. hm

**5** - Convertis les mesures, puis effectue les opérations.

3 km 5 m + 6 hm = .................. hm

22 dam 9 m + 54 hm 3 mm = .................. dm

35 km + 74 dam 8 dm = .................. mm

674 hm – 24 dm = .................. dm

8 173 m – 375 dam = .................. m

# Mesurer des périmètres de polygones

 On appelle **P** le périmètre d'un polygone. On calcule le périmètre en additionnant les mesures de chacun des côtés du polygone.

- **Périmètre du carré : P = côté x 4**
  $$\rightarrow \boxed{P = c \times 4}.$$
- **Périmètre du rectangle : P = (Longueur + largeur) x 2**
  $$\rightarrow \boxed{P = (L + l) \times 2}.$$
- **Périmètre du triangle équilatéral : P = côté x 3**
  $$\rightarrow \boxed{P = c \times 3}.$$

## 1 - Calcule le périmètre de chaque carré.

a) 

6 cm

b) 

9 m

c) 

8,7 km

P = c x 4          P = ..................          ...............................

P = ...... x 4     P = ..................          ...............................

P = .............   P = ..................          ...............................

## 2 - Calcule le périmètre de chaque rectangle.

a)

5 cm

2 cm

P = (L + l) x 2

P = ...... x 2

P = .............

**b)** L = 12 m et l = 7 m

.............................................

.............................................

**c)** L = 9,5 km et l = 6,7 km

.............................................

.............................................

**3** - Calcule le périmètre de chaque triangle équilatéral.

a) c = 25 mm
b) c = 18 m
c) c = 7,4 hm

P = ........................
P = ........................
P = ........................

P = ........................
P = ........................
P = ........................

**3**

**4** - Calcule le périmètre (la longueur du tour du bassin) **de cette piscine. Pose les opérations puis exprime le résultat en m et en dam.**

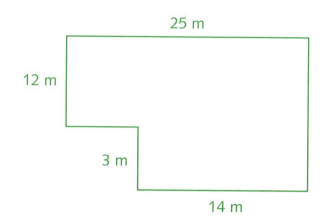

25 m

12 m

3 m

14 m

**2**

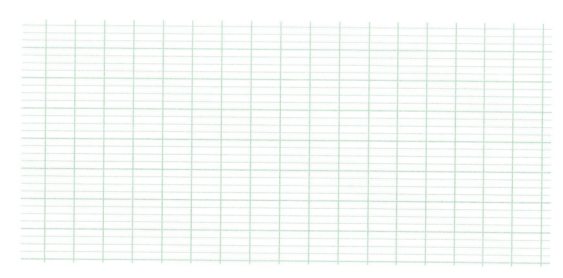

**5** - Complète le tableau.

| Longueur | 22 m | 19 dm | ........... | 15,3 cm |
|---|---|---|---|---|
| Largeur | 15 m | ................. | 6 hm | 4,9 cm |
| Périmètre | ................. | 44 dm | 72 hm | ............. |

**4**

5

# Mesurer des masses

• Pour mesurer des masses plus importantes que le kilogramme, on utilise la **tonne**, notée **t** et le **quintal**, noté **q**.

1 tonne = 1 000 kg et 1 quintal = 100 kg.

• On utilise un tableau de conversion.

| t | q | kg x 10 | kg | hg | dag | g | dg | cg | mg |
|---|---|---------|----|----|-----|---|----|----|----|
| 1 | 0 | 0 | 0 | | | | | | |

**1** - Indique l'unité de mesure que l'on utilise pour peser :

– un éléphant adulte : ................

– un pétrolier géant : ................

– un camion poids lourd : ................

– un réservoir à céréales : ................

– un filet d'oranges : ................

**2** - Complète les égalités.

| | t | q | kg x 10 | kg | hg | dag | g | dg | cg | mg |
|---|---|---|---------|----|----|-----|---|----|----|----|
| 3 q = ......... hg | | 3 | 0 | 0 | 0 | | | | | |
| 7 t = ......... kg | 7 | 0 | 0 | 0 | | | | | | |
| 64 q = ......... dag | | 6 | 4 | 0 | 0 | 0 | 0 | | | |
| 9 t = ......... g | 9 | 0 | 0 | 0 | 0 | 0 | 0 | | | |
| 547 kg = ......... mg | | | 5 | 4 | 7 | 0 | 0 | 0 | 0 | 0 |
| 6,32 q = ......... kg | | 6 | 3 | 2 | | | | | | |
| 8,046 9 t = ......... hg | 8 | 0 | 4 | 6 | 9 | | | | | |

## 3 - Complète le tableau.

7 600 kg

83 745 dag

146 920 dg

4 307 218 mg

704 200 043 cg

| t | q | kg × 10 | kg | hg | dag | g | dg | cg | mg |
|---|---|---------|----|----|----|---|----|----|----|
|   |   |         |    |    |    |   |    |    |    |
|   |   |         |    |    |    |   |    |    |    |
|   |   |         |    |    |    |   |    |    |    |
|   |   |         |    |    |    |   |    |    |    |
|   |   |         |    |    |    |   |    |    |    |

## 4 - Convertis dans l'unité demandée.

4 t = ................ kg

7 q = ................ dag

5,83 t = ................ g

0,63 kg = ................ dg

176,21 hg = ................ mg

1 437 g = ................ t

0,258 hg = ................ t

23,5 g = ................ kg

15,02 dg = ................ q

263 mg = ................ g

## 5 - Problème.

Maman doit envoyer un colis à Lulu qui est en colonie de vacances.
Elle met dans le colis :
– un paquet de biscuits de 275 g,
– 2 tablettes de chocolat de 2 hg chacune,
– 1 savonnette qui pèse 9 dag,
– 5 enveloppes timbrées qui pèsent 1,5 g chacune.

**Quelle est la masse du colis ?** ................................................

# Mesurer des capacités

• L'unité de mesure des capacités est le **litre**, noté l.

• On utilise un tableau de conversion pour les mesures plus grandes ou plus petites que le litre.

1 hl = 10 dal = 100 l

1 l = 10 dl = 100 cl = 1 000 ml

| hl | dal | l | dl | cl | ml |
|---|---|---|---|---|---|
| hectolitre | décalitre | litre | décilitre | centilitre | millilitre |
| 1 | 0 | 0 | | | |
| | | 1 | 0 | 0 | 0 |

**1** Compare les capacités de chaque récipient, puis classe-les dans l'ordre croissant.

– bouteille d'eau : 1,5 l
– biberon de bébé : 300 ml
– piscine d'enfant : 1 hl
– réservoir de voiture : 430 dl
– verre d'eau : 25 cl

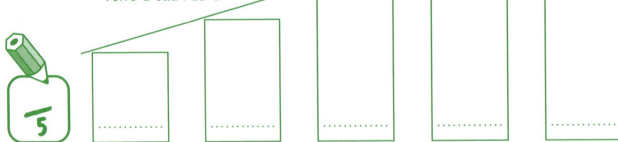

**2** Utilise l'une de ces trois unités dal, l, cl, pour mesurer :

– une grande cuillère : ................     – un tonneau : ................

– une citerne à eau : ................     – une coupe à champagne : .............

– une bouteille de jus de fruits : ................................

## 3 - Complète les égalités.

3 dal = 30 l

4 hl = ............ dl

8 dl = ............ ml

5 l = ............ cl

9 dal = ............ ml

| hl | dal | l | dl | cl | ml |
|----|-----|---|----|----|----|
|    | 3   | 0 |    |    |    |
| 4  | 0   | 0 | 0  |    |    |
|    |     |   | 8  | 0  | 0  |
|    |     | 5 | 0  | 0  |    |
|    | 9   | 0 | 0  | 0  | 0  |

## 4 - Complète le tableau.

350 l

70 cl

40 ml

6 320 dl

28 dal

| hl | dal | l | dl | cl | ml |
|----|-----|---|----|----|----|
|    |     |   |    |    |    |
|    |     |   |    |    |    |
|    |     |   |    |    |    |
|    |     |   |    |    |    |
|    |     |   |    |    |    |

## 5 - Convertis...

**... en litres**

3 hl = ............ l

43 hl = ............

80 ml = ............

6 dal = ............

700 cl = ............

**... en centilitres**

25 l = ............ cl

54 dl = ............

29 dal = ............

9 hl = ............

130 ml = ............

## 6 - Compare en utilisant les signes : < ou >.

20 l ............ 2 hl

18 cl ............ 183 ml

2 l 3 dl ............ 21 cl

51 dl ............ 4 l

6 537 ml ............ 4 dal

45 dal ............ 4 hl 8 l

# Mesurer des volumes

L'unité de mesure des volumes est le **mètre cube**, noté **m³**.
Avec 1 litre, on peut remplir un cube de 1 dm d'arête.

1 dm

1 litre = 1 décimètre cube
1 l = 1 dm³
1 000 l = 1 m³

| m³ | | | dm³ | | | cm³ | | |
|---|---|---|---|---|---|---|---|---|
| | | | hl | dal | l | dl | cl | ml |
| | | | | | 1 | | | |
| | | 1 | 0 | 0 | 0 | | | |

---

## 1 - Convertis en dm³ et complète le tableau.

1 l = .................. dm³

5 l = ..................

29 l = ..................

143 l = ..................

504 l = ..................

2 137 l = ..................

/6

| m³ | | | dm³ | | | cm³ | | |
|---|---|---|---|---|---|---|---|---|
| | | | hl | dal | l | dl | cl | ml |
| | | | | | | | | |
| | | | | | | | | |
| | | | | | | | | |
| | | | | | | | | |
| | | | | | | | | |
| | | | | | | | | |

---

## 2 - Convertis en litres.

/8

3 dm³ = .................. l

309 dm³ = ..................

51 dm³ = ..................

867 dm³ = ..................

15 dm³ = ..................

2 dm³ = ..................

94 dm³ = ..................

1 024 dm³ = ..................

# 3 -Convertis en m³.

1 000 l = .................... m³          1 400 000 l = ....................

4 000 l = ....................             250 000 l = ....................

15 000 l = ....................            250 l = ....................

9 000 l = ....................             6 430 l = ....................

500 000 l = ....................           17 060 l = ....................

# 4 -Redonne à chacun son volume.

**8 m³ - 50 dm³ - 1 dm³ - 2 000 m³ - 0,25 dm³**

– une bouteille de lait : .................          – un tonneau de bière : .................

– un camion citerne : .................              – un pistolet à eau : ....................

– une piscine olympique : ....................

# 5 -Compare en utilisant : < ou = ou >.

15 l ......... 15 m³                        8 m³ ......... 8 000 l

3 l ......... 3 dm³                         2 m³ ......... 2 dm³

41 l ......... 4 m³                         40 000 l ......... 4 m³

300 l ......... 30 dm³                      200 dm³ ......... 20 l

64 l ......... 640 dm³                      150 m³ ......... 150 000 l

# 6 -Problème.

Dans son chaudron maléfique, la sorcière Térifix a fait mijoter 15 dm³
d'un breuvage euphorique. Elle prépare des gourdes des 250 ml.

**Combien de gourdes va-t-elle préparer ?**

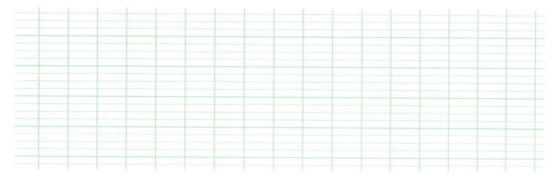

# Mesurer des aires

• L'aire est la mesure **d'une surface**. L'unité de mesure d'aire est un carré de 1 mètre de côté : c'est le **mètre carré**, noté **m²**. Pour comparer des surfaces, il faut utiliser la même unité.

• On utilise un tableau de conversion pour les mesures d'aires.
a = are → 1 a = 100 m²
ha = hectare → 1 ha = 10 000 m²
1 m² = 100 dm² - 1 km² = 10 000 dam² - 1 mm² = 0,000 001 m²
Il faut 100 unités pour atteindre l'unité de mesure supérieure.

| km² | | hm² ha = hectare | | dam² a = are | | m² | | dm² | | cm² | | mm² | |
|---|---|---|---|---|---|---|---|---|---|---|---|---|---|
| | | | 1 | 0 | 0 | 0 | 0 | | | | | | |
| | | | | | | | 1 | 0 | 0 | | | | |
| | 1 | 0 | 0 | 0 | 0 | | | | | | | | |
| | | | | | | | 0 | 0 | 0 | 0 | 0 | 0 | 1 |

## 1 - Mesure l'aire de chaque surface (utilise l'unité proposée).

Colorie en rouge celle qui a la plus grande aire.

☐ unité

a)   b)   c)

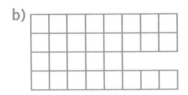
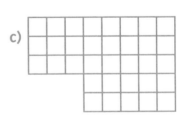

## 2 - Indique quelle unité d'aires il faut utiliser pour mesurer :

– un ticket de métro : ...............    – un terrain de football : .................

– un écran de télévision : ............    – la salle à manger : .................

– ton livre de lecture : ...............    – l'Europe : .................

**3** - Exprime en mm² l'aire de chaque figure tracée sur le papier millimétré.

a)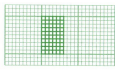

...................

b)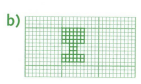

...................

c)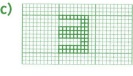

...................

d)

...................

**4** - Complète les égalités.

| km² | | hm² | | dam² | | m² | | dm² | | cm² | | mm² | |
|---|---|---|---|---|---|---|---|---|---|---|---|---|---|
| | | ha = hectare | | a = are | | | | | | | | | |
| | | | | | | | 5 | 0 | 0 | | | | |
| | | | | 2 | 0 | 0 | 0 | | | | | | |
| 6 | 1 | 0 | 0 | 0 | 0 | | | | | | | | |
| | | | 9 | 0 | 0 | 0 | 0 | 0 | 0 | 0 | 0 | | |
| | | | | | | | | | | 1 | 3 | 0 | 0 |
| | | | | | | | | | 0 | 0 | 0 | 4 | 5 |
| | | | | | | 9 | 2 | 0 | 0 | 0 | 0 | | |

**5 m² = 500 dm²**

20 dam² = ................... m²          13 cm² = ................... mm²

61 km² = ................... dam²         45 mm² = ................... dm²

9 hm² = ................... cm²           92 m² = ................... cm²

**5** - Convertis en m².

5 a = ................... m²              10 ha = ...................

21 km² = ...................             257 hm² = ...................

25 dm² = ...................             0,09 km² = ...................

365 cm² = ...................            4,69 a = ...................

# Mesurer l'aire d'un carré, d'un rectangle, d'un triangle

 On utilise les unités d'aires pour effectuer des calculs d'aires.
On appelle **A** l'aire d'une surface exprimée en km², hm², dam², m², dm², cm² et mm².

- Aire du rectangle

l = 2 cm

L = 8 cm

**Aire = Longueur x largeur**

$A = L \times l$

$A = 8 \times 2$

$A = 16 \text{ cm}^2$

- Aire du carré

c

**Aire = côté x côté**

$A = c \times c$

- Aire du triangle

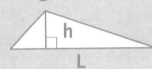

h

L

**Aire** $= \dfrac{\text{Longueur x hauteur}}{2}$

$A = \dfrac{L \times h}{2}$

---

## 1 - Calcule l'aire de chaque rectangle et complète le quadrillage.

3 cm

5 cm

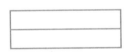

2 m

4 m

4 dm

5 dm

a) ................... cm²

b) ...................

c) ...................

---

## 2 - Calcule l'aire de chaque carré et complète le quadrillage.

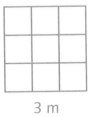

3 m

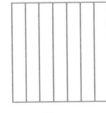

7 cm

6 dm

a) ................... m²

b) ...................

c) ...................

# CORRIGÉS à détacher

## MESURER DES LONGUEURS

### page 2

**1**

| km | hm | dam | m | dm | cm | mm |
|----|----|-----|---|----|----|----|
| 5 | 0 | 9 | 0 | | | |
| 4 | 5 | 0 | 0 | | | |
| | | 6 | 3 | 5 | 0 | 1 |
| | | 6 | 4 | 5 | | |
| | | 2 | 5 | 0 | 3 | 0 |
| | | | 2 | 4 | 5 | 3 |
| 8 | 0 | 0 | 6 | 1 | | |

**2** 5 km 3 m = **5 003 m**
33 hm = **33 000 dm**
500 dam = **5 km**
7 hm 8 dm = **700 800 mm**
200 m = **20 000 cm**
38 hm 24 m = **38 240 dm**

| km | hm | dam | m | dm | cm | mm |
|----|----|-----|---|----|----|----|
| 5 | 0 | 0 | 3 | | | |
| 3 | 3 | 0 | 0 | 0 | | |
| 5 | | | | | | |
| | | 7 | 0 | 0 | 8 | 0 | 0 |
| | | 2 | 0 | 0 | 0 | 0 |
| 3 | 8 | 2 | 4 | 0 | | |

**3** 89 m = **0,089 km**
61 m = **0,061 km**
2 435 m = **2,435 km**
365 mm = **0,365 m**
9 071 dm = **9,071 hm**
5 364 mm = **5,364 m**

| km | hm | dam | m | dm | cm | mm |
|----|----|-----|---|----|----|----|
| 0, | 0 | 8 | 9 | | | |
| 0, | 0 | 6 | 1 | | | |
| 2, | 4 | 3 | 5 | | | |
| | | | 0, | 3 | 6 | 5 |
| | 9, | 0 | 7 | 1 | | |
| | | | 5, | 3 | 6 | 4 |

**4** 1,3 km = **1 300 m**
5 900 m = **5,9 km**
18 631 hm = **186 631 000 cm**
7,64 km = **76 400 dm**
14 325 cm = **143,25 m**
671 dm = **0,671 hm**

**5** 3 km 5 m + 6 hm = **30,05 hm + 6 hm = 36,05 hm**
22 dam 9 m + 54 hm 3 mm
= **229 000 mm + 5 400 003 mm = 56 290,03 dm**

35 km + 74 dam 8 dm
= **35 000 000 mm + 740 800 mm = 35 740 800 mm**
674 hm – 24 dm = **674 000 dm – 24 dm = 673 976 dm**
8 173 m – 375 dam = **8 173 m – 3 750 m = 4 423 m**

## MESURER DES PÉRIMÈTRES DE POLYGONES

### page 4

**1** a) P = c x 4    b) P = c x 4    c) P = c x 4
P = 6 x 4    P = 9 x 4    P = 8,7 x 4
**P = 24 cm**    **P = 36 m**    **P = 34,8 km**

**2** a) P = (L + l) x 2 = (5 + 2) x 2 = 7 x 2 = **14 cm**
b) L = 12 m et l = 7 m
**P = (12 + 7) x 2 = 19 x 2 = 38 m**
c) L = 9,5 km et l = 6,7 km
**P = (9,5 + 6,7) x 2 = 16,2 x 2 = 32,4 km**

**3** a) c = 25 mm    b) c = 18 m    c) c = 7,4 hm
P = 25 x 3    P = 18 x 3    P = 7,4 x 3
**P = 75 mm**    **P = 54 m**    **P = 22,2 hm**

**4** Il faut calculer les deux mesures qui manquent :
12 + 3 = 15 m / 25 – 14 = 11 m.
On additionne alors les mesures des six côtés :
25 + 15 + 14 + 3 + 11 + 12 = 80.
Le périmètre du bassin est de **80 m** ou de **8 dam**.

**5**

| | | | | |
|---|---|---|---|---|
| Longueur | 22 m | 19 dm | **30 hm** | 15,3 cm |
| Largeur | 15 m | **3 dm** | 6 hm | 4,9 cm |
| Périmètre | **74 m** | 44 dm | 72 hm | **40,4 cm** |

## MESURER DES MASSES

### page 6

**1** - un éléphant adulte : **t** - un réservoir à céréales : **q**
- un pétrolier géant : **t** - un filet d'oranges : **kg**
- un camion poids lourd : **t**

**2** 3 q = **3 000 hg**    547 kg = **547 000 000 mg**
7 t = **7 000 kg**    6,32 q = **632 kg**
64 q = **640 000 dag**    8,0469 t = **80 469 hg**
9 t = **9 000 000 g**

**3**

| t | q | kg x 10 | kg | hg | dag | g | dg | cg | mg |
|---|---|---------|----|----|----|---|----|----|----|
| 7 | 6 | 0 | 0 | | | | | | |
| | 8 | 3 | 7 | 4 | 5 | | | | |
| | | 1 | 4 | 6 | 9 | 2 | 0 | | |
| | | | 4 | 3 | 0 | 7 | 2 | 1 | 8 |
| 7 | 0 | 4 | 2 | 0 | 0 | 0 | 4 | 3 | |

**4** 4 t = **4 000 kg**    1 437 g = **0,001437 t**
7 q = **70 000 dag**    0,258 hg = **0,0000258 t**
5,83 t = **5 830 000 g**    23,5 g = **0,0235 kg**
0,63 kg = **6 300 dg**    15,02 t = **0,00001502 q**
176,21 hg = **17 621 000 mg**    263 mg = **0,263 g**

CORRIGÉS – CORRIGÉS – CORRIGÉS – CORRIGÉS – CORRIGÉS – CORRIGÉS – CORRIGÉS – CORRIGÉS – CORRIGÉS – CORRIGÉS

**5** - 275 g + (2 x 200 g) + 90 g + (5 x 1,5 g)
= 275 + 400 + 90 + 7,5 = 772,5. Le colis pèse **772,5 g.**

**6** - On convertit 15 dm³ en ml, cela donne 15 000.
15 000 ÷ 250 = 60. Elle va préparer **60 gourdes.**

## MESURER DES CAPACITÉS

### page 8

**1** - 300 ml ; 25 cl ; 1,5 l ; 430 dl ; 1 hl

**2** - une grande cuillère : **cl** - une citerne à eau : **dal**
- une bouteille de jus de fruits : **l** - un tonneau : **dal** -
une coupe à champagne : **cl**

**3** - 4 hl = **4 000 dl**          8 dl = **800 ml**
5 l = **500 cl**          9 dal = **90 000 ml**

**4** -

| hl | dal | l | dl | cl | ml |
|----|-----|---|----|----|----|
| 3 | 5 | 0 | | | |
| | | | 7 | 0 | |
| | | | | 4 | 0 |
| 6 | 3 | 2 | 0 | | |
| 2 | 8 | | | | |

**5** - 3 hl = **300 l**          25 l = **2 500 cl**
43 hl = **4 300 l**          54 dl = **540 cl**
80 ml = **0,08 l**          29 dal = **29 000 cl**
6 dal = **60 l**          9 hl = **90 000 cl**
700 cl = **7 l**          130 ml = **13 cl**

**6** - 20 l **<** 2 hl       18 cl **<** 183 ml       2 l 3 dl **>** 21 cl
51 dl **>** 4 l       6 537 ml **<** 4 dal       45 dal **>** 4 hl 8 l

## MESURER DES VOLUMES

### page 10

**1** - 1 l = **1 dm³**          143 l = **143 dm³**
5 l = **5 dm³**          504 l = **504 dm³**
29 l = **29 dm³**          2 137 l = **2 137 dm³**

| m³ | | | dm³ | | | cm³ | | |
|----|--|--|-----|--|--|-----|--|--|
| | | | hl | dal | l | dl | cl | ml |
| | | | | | | 1 | | |
| | | | | | | 5 | | |
| | | | | | 2 | 9 | | |
| | | | | 1 | 4 | 3 | | |
| | | | | 5 | 0 | 4 | | |
| | | 2 | 1 | 3 | 7 | | | |

**2** - 3 dm³ = **3 l**          15 dm³ = **15 l**
309 dm³ = **309 l**          2 dm³ = **2 l**
51 dm³ = **51 l**          94 dm³ = **94 l**
867 dm³ = **867 l**          1 024 dm³ = **1 024 l**

**3** - 1 000 l = **1 m³**          1 400 000 l = **1 400 m³**
4 000 l = **4 m³**          250 000 l = **250 m³**
15 000 l = **15 m³**          250 l = **0,25 m³**
9 000 l = **9 m³**          6 430 l = **6,43 m³**
500 000 l = **500 m³**          17 060 l = **17,06 m³**

**4** - une bouteille de lait : **1 dm³** - un camion citerne : **8 m³** - une
piscine olympique : **2 000 m³** - un tonneau de bière : **50 dm³**
- un pistolet à eau : **0,25 dm³**

**5** - 15 l **<** 15 m³          8 m³ = **8 000 l**
3 l = 3 dm³          2 m³ **>** 2 dm³
4 l **<** 4 m³          40 000 l **>** 4 m³
300 l **>** 30 dm³          200 dm³ **>** 20 l
64 l **<** 640 dm³          150 m³ = **150 000 l**

## MESURER DES AIRES

### page 12

**1** - a) aire = 20 ; b) aire = 29 ; c) aire = 34. Colorie l'aire c).

**2** - un ticket de métro : **mm²** - un écran de télévision : **cm²** -
ton livre de lecture : **dm²** - un terrain de football : **hm²** -
la salle à manger : **m²** - l'Europe : **km²**

**3** - a) aire = 60 mm²          b) aire = 42 mm²
c) aire = 56 mm²          d) aire = 21 mm²

**4** - 20 dam² = **2 000 m²**          13 cm² = **1 300 mm²**
61 km² = **610 000 dam²**          45 mm² = **0,004 5 dm²**
9 hm² = **900 000 000 cm²**          92 m² = **920 000 cm²**

**5** - 5 a = **500 m²**          10 ha = **100 000 m²**
21 km² = **21 000 000 m²**          257 hm² = **2 570 000 m²**
25 dm² = **0,25 m²**          0,09 km² = **90 000 m²**
365 cm² = **0,036 5 m²**          4,69 a = **469 m²**

## MESURER L'AIRE D'UN CARRÉ, D'UN RECTANGLE, D'UN TRIANGLE

### page 14

**1** - a) A = 3 x 5 = **15 cm²**          c) A = 4 x 5 = **20 dm²**
b) A = 2 x 4 = **8 m²**

**2** - a) A = 3 x 3 = **9 m²**          c) A = 6 x 6 = **36 dm²**
b) A = 7 x 7 = **49 cm²**

**3** - a) $A = \dfrac{18 \times 12}{2} = \dfrac{216}{2} = $ **108 mm²**

b) $A = \dfrac{6 \times 5}{2} = \dfrac{30}{2} = $ **15 cm²**

c) $A = \dfrac{8 \times 4}{2} = \dfrac{32}{2} = $ **16 m²**

**4** -

| Côté | 15 m | 4 dm |
|------|------|------|
| Aire | **225 m²** | **16 dm²** |

| Longueur | 55 cm | 75 mm | 18 mm |
|----------|-------|-------|-------|
| Largeur | 42 cm | **23 m** | 14 mm |
| Aire | **2 310 cm²** | 1 725 m² | 252 mm² |

**5** - a) On mesure l'aire du rectangle : A = 4 x 6 = **24 cm²**.
On mesure l'aire du carré : A = 3 x 3 = **9 cm²**.
On mesure l'aire du triangle : $A = \dfrac{2 \times 5}{2} = \dfrac{10}{2} = $ **5 cm²**.

b) L'aire de la fusée c'est :
1 rectangle + 2 carrés + 2 triangles.
24 + (2 x 9) + (2 x 5) = 24 + 18 + 10 = 52 cm².
L'aire de la fusée est de **52 cm²**.

# CALCULER DES DURÉES

## page 16

**1** - 35 + **25** min = 60 min        10 + **50** min = 1 h
40 + **20** min = 1 h        **45** min + 15 = 60 min
10 + **50** min = 60 min        5 + **55** min = 60 min

**2** 8 h 15 + **45** min = 9 h 00 - **18 h 45** + 15 min = 19 h 00 -
3 h 40 + 20 min = **4 h 00** - 7 h 23 + **37 min** = 8 h 00 -
**15 h 00** + 17 min = 15 h 17

**3**
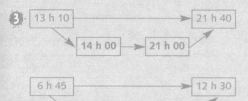

**4** - 20 min + 4 h + 10 min = **4 h 30 min**
5 min + 1 h + 42 min = **1 h 47 min**
37 min + 13 h + 18 min = **13 h 55 min**
12 min + 8 h + 29 min = **8 h 41 min**
46 min + 20 h + 06 min = **20 h 52 min**

**5**
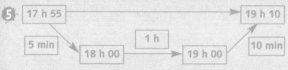

Ta phrase réponse : **5 min + 1 h + 10 min = 1 h 15 min.**
**Le match dure 1 h 15 min.**

# TRACER DES PARALLÈLES ET DES PERPENDICULAIRES

## page 18

**1**

A        B        C

D        E

**2**

A        B        C

D        E

**3**

**4**

x B        x D        𝒟

A x

x C

Que constates-tu ? **On constate qu'elles sont parallèles.**

**5**

|   | \multicolumn{3}{c}{angles} |   |   |
|---|---|---|---|
|   | aigu | droit | obtus |
| 1 | x |  |  |
| 2 |  |  | x |
| 3 |  |  | x |
| 4 | x |  |  |
| 5 |  | x |  |
| 6 |  |  | x |
| 7 |  | x |  |
| 8 | x |  |  |
| 9 |  |  | x |
| 10 |  | x |  |
| 11 |  |  | x |
| 12 | x |  |  |
| 13 |  |  | x |
| 14 |  | x |  |
| 15 | x |  |  |

# TRACER DES SYMÉTRIQUES

## page 20

**1**
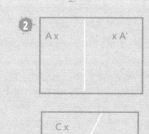
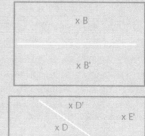

**2**

A x        x A'        x B

x B'

C x        x D'        x E'

x C'        x D

E x

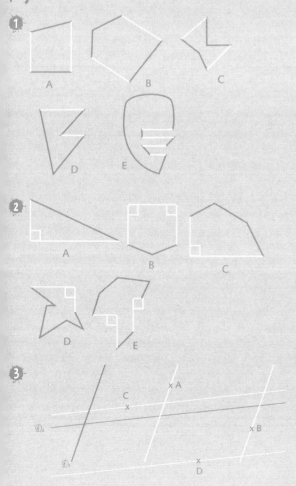
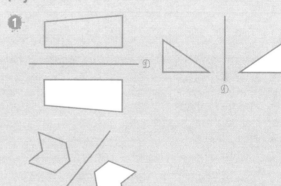

**3**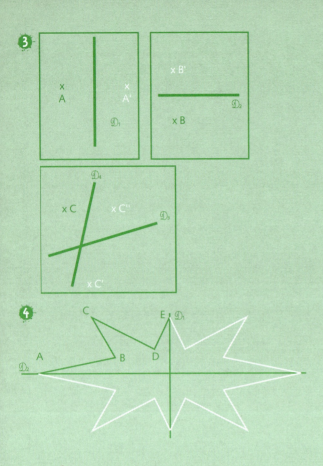

**4** 

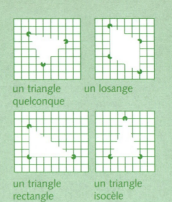

un triangle quelconque   un losange

un triangle rectangle   un triangle isocèle

**3** - Triangle rectangle

Triangle isocèle

Triangle équilatéral

**4** - Fais vérifier par un adulte.

## RECONNAÎTRE CERTAINS SOLIDES

### page 24

**1** - A : pyramide - B : cube - C : pavé droit - D : prisme

**2**

| Nombre de : | A | B | C | D | E | F |
|---|---|---|---|---|---|---|
| faces | 7 | 6 | 6 | 6 | 8 | 5 |
| sommets | 10 | 8 | 8 | 8 | 12 | 5 |
| arêtes | 15 | 12 | 12 | 12 | 18 | 8 |

**3** - Fais vérifier par un adulte.

**4** - Relie A et cube - B et prisme - C et pavé droit - D et pyramide

## TRACER DES POLYGONES

### page 22

**1**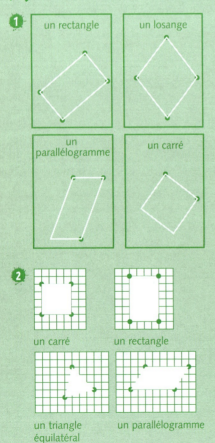

un rectangle   un losange

un parallélogramme   un carré

**2**

un carré   un rectangle

un triangle équilatéral   un parallélogramme

## TRACER DES CERCLES

### page 26

**1**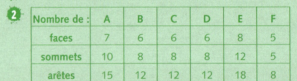

**2** - Rayon = **1** cm
Diamètre = **4** cm
Corde = **2** cm

**3** - Fais vérifier par un adulte.

**4** - Fais vérifier par un adulte.

**5** - Fais vérifier par un adulte.

# 3 -Calcule l'aire de chaque triangle.

**a)** h = 12 mm
L = 18 mm

..............................

..............................

**b)** h = 5 cm
L = 6 cm

..............................

..............................

**c)** h = 4 m
L = 8 m

..............................

..............................

**3**

# 4 -Complète les tableaux.

| Côté | 15 m | ........... |
|------|------|------------|
| Aire | ........... | 16 dm² |

| Longueur | 55 cm | 75 mm | ........... |
|----------|-------|-------|------------|
| Largeur | 42 cm | ........... | 14 mm |
| Aire | ........... | 1 725 m² | 252 mm² |

**5**

# 5 -Problème.

**a) Mesure l'aire de chaque polygone.**

4 cm

6 cm

3 cm

2 cm

5 cm

**b) Donne la mesure de l'aire de la fusée.**

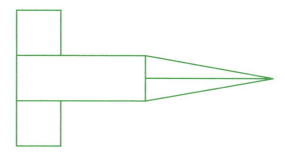

**4**

# Calculer des durées

• **Pour mesurer le temps, on utilise les nombres sexagésimaux.**
**1 heure = 60 minutes (1 h = 60 min) ;**
**1 minute = 60 secondes (1 min = 60 s).**

Le spectacle débute à 20 h 35 et se termine à 23 h 20.
                                   ⓐ                                          ⓑ

→ Sa durée est de 2 h 45.
                    ⓒ

• **Pour mesurer une durée entre le début et la fin d'une action, on peut procéder par étapes.**

| 20 h 35 | 25 min + 2 h + 20 min = ( 2 h 45 ) | 23 h 20 |

ⓐ           ⓒ                   ⓑ

( 25 min )                             ( 20 min )

| 21 h 00 | ( 2 h ) | 23 h 00 |

l'heure qui suit                      l'heure qui précède

---

**1** – Complète pour atteindre 60 minutes.

35 + ………. min = 60 min          10 + ………. = 1 h

40 + ………. min = 1 h            ………. + 15 = 60 min

10 + ………. = 60 min            5 + ………. = 60 min

---

**2** – Complète.

14 h 30 + 30 min = 15 h 00        3 h 40 + 20 min = ……………

8 h 15 + …………… = 9 h 00         7 h 23 + …………… = 8 h 00

…………… + 15 min = 19 h 00      …………… + 17 min = 15 h 17

## 3 -Complète.

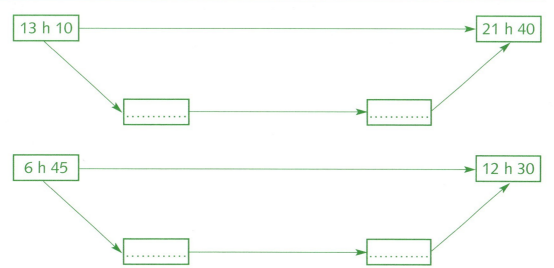

13 h 10 ⟶ 21 h 40

.............. ⟶ ..............

6 h 45 ⟶ 12 h 30

.............. ⟶ ..............

## 4 -Effectue les opérations.

20 min + 4 h + 10 min = ………. h ………. min

5 min + 1 h + 42 min = ……………………

37 min + 13 h + 18 min = ……………………

12 min + 8 h + 29 min = ……………………

46 min + 20 h + 06 min = ……………………

## 5 -Le match débute à 17 h 55 et se termine à 19 h 10.
## Complète et calcule sa durée.

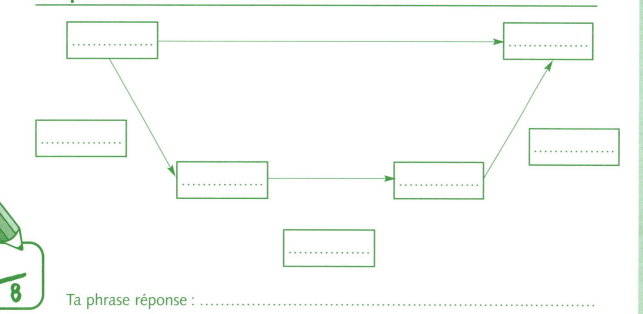

Ta phrase réponse : ...............................................................

# Tracer des parallèles
## et des perpendiculaires

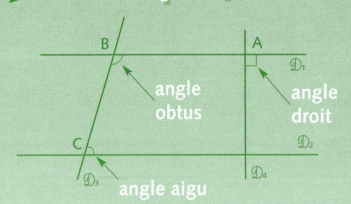

angle aigu < angle droit
angle obtus > angle droit

$\mathcal{D}_1$ et $\mathcal{D}_2$ ne se coupent jamais.
Elles sont parallèles. On note : $\mathcal{D}_1$ // $\mathcal{D}_2$.

$\mathcal{D}_1$ et $\mathcal{D}_4$ sont sécantes en A, elles sont perpendiculaires.
On note $\mathcal{D}_1 \perp \mathcal{D}_4$.

---

**1** - Repasse en rouge les segments parallèles pour chaque figure.

A

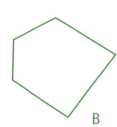

B

C

D

E

---

**2** - Repasse en bleu les segments perpendiculaires et marque le (ou les) angle(s) droit(s) pour chaque figure.

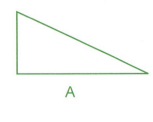

A

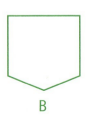

B

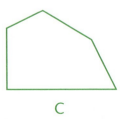

C

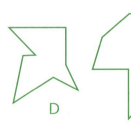

D

E

**3** – Trace des parallèles à $\mathcal{D}_1$ passant par A et B et à $\mathcal{D}_2$ passant par C et D.

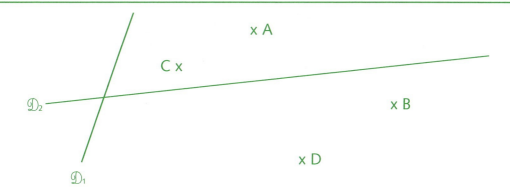

**4** – Trace des perpendiculaires à $\mathcal{D}$ passant par A, B, C et D.

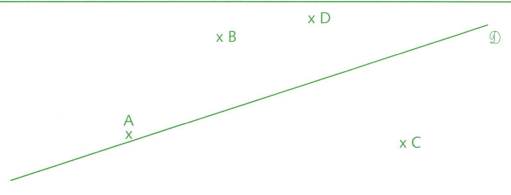

**5** – L'architecte Nicien te confie ses plans. Coche dans le tableau la nature de chaque angle.

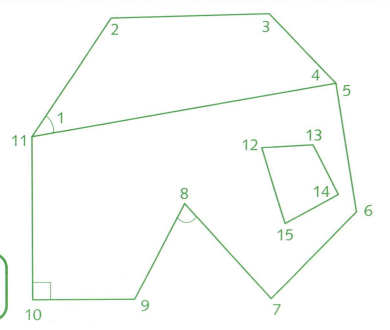

| | angles | | |
|---|---|---|---|
| | aigu | droit | obtus |
| 1 | | | |
| 2 | | | |
| 3 | | | |
| 4 | | | |
| 5 | | | |
| 6 | | | |
| 7 | | | |
| 8 | | | |
| 9 | | | |
| 10 | | | |
| 11 | | | |
| 12 | | | |
| 13 | | | |
| 14 | | | |
| 15 | | | |

# Tracer des symétriques

• **Le symétrique d'un point** par rapport à une droite.

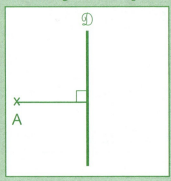

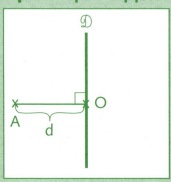

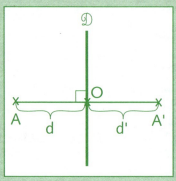

ⓐ Tracer une perpendiculaire à 𝒟 passant par A.

ⓑ Mesurer AO.

ⓒ Reporter AO en OA'.

→ A' est le symétrique de A par rapport à D.

• **Le symétrique d'une figure** par rapport à un axe.

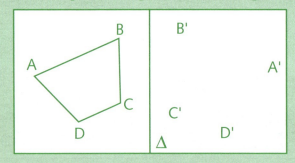

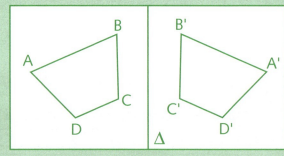

ⓐ Placer A', B', C', D', les symétriques de A, B, C, D par rapport à △ en utilisant la méthode ci-dessus.

ⓑ Tracer A'B'C'D', le symétrique de ABCD par rapport à △.

**1** -Trace les figures symétriques par rapport à chaque axe.

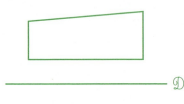

**2** -Complète chaque schéma par son axe de symétrie.

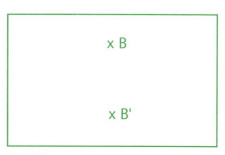

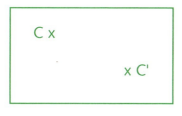

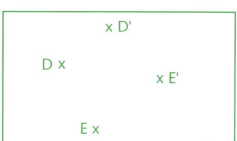

**3** -Trace les symétriques des points.

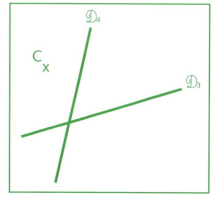

A par rapport
à $\mathcal{D}_1$ (A')

B par rapport
à $\mathcal{D}_2$ (B')

C par rapport à $\mathcal{D}_3$ (C')
C par rapport à $\mathcal{D}_4$ (C'')

**4** -Trace tous les symétriques possibles par rapport à $\mathcal{D}_1$ et $\mathcal{D}_1$.

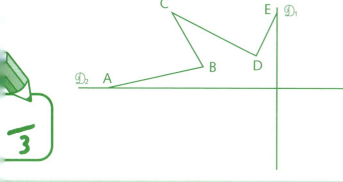

# Tracer des polygones

 Les polygones sont des figures géométriques planes qui ont plusieurs côtés (au moins trois).

| Formes | Noms | Côtés | Angles |
|---|---|---|---|
| ▢ | Carré | 4 de même longueur | 4 droits |
| ▭ | Rectangle | 4 opposés 2 à 2 de même longueur | 4 droits |
| ◇ | Losange | 4 de même longueur | |
| ▱ | Parallélogramme | 4 opposés 2 à 2 de même longueur | |
| ◺ | Triangle rectangle | 3 | 1 droit |
| △ | Triangle isocèle | 3 dont 2 de même longueur | |
| △ | Triangle équilatéral | 3 de même longueur | |
| ▷ | Triangle quelconque | 3 | |

**1**-Trace pour obtenir :

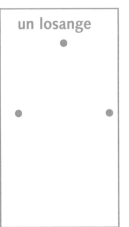

| un rectangle | un losange |
|---|---|

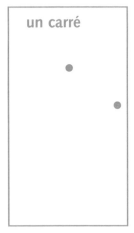

| un parallélogramme | un carré |
|---|---|

## 2 - Trace et nomme.

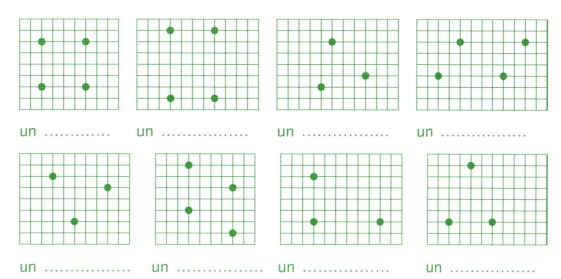

un .............    un ................    un ................    un ................

un ................    un ................    un ................    un ................

## 3 - Construis des triangles :

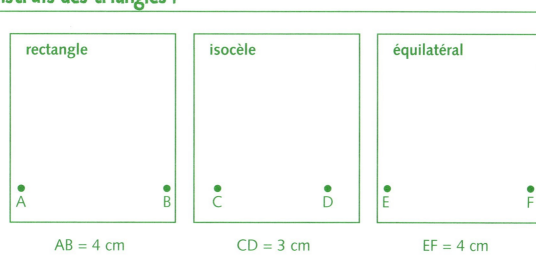

| rectangle | isocèle | équilatéral |
| A          B | C          D | E          F |
| AB = 4 cm | CD = 3 cm | EF = 4 cm |

## 4 - Reproduis dans le cadre.

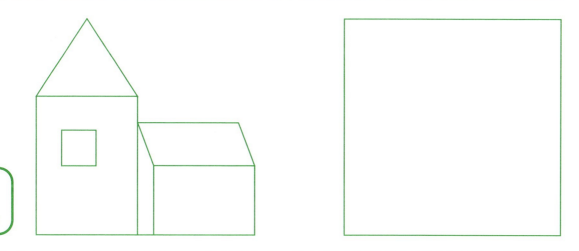

# Reconnaître certains solides

- **Le cube :** 6 faces carrées, 8 sommets, 12 arêtes de même longueur.

- **Le pavé droit :** 6 faces rectangles, 8 sommets, 12 arêtes.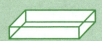

- **Les prismes :** 2 bases identiques et des faces en forme de parallélogramme.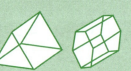

- **Les pyramides :** 1 base polygone et des faces triangulaires.

**1** – Écris le nom de chaque solide.

A     B     C     D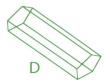

.................    .................    .....................    .........................

**2** – Complète le tableau.

    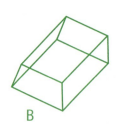    C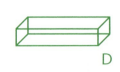

A    B    E    D    F

| Nombre de : | | A | B | C | D | E | F |
|---|---|---|---|---|---|---|---|
| | faces | | | | | | |
| | sommets | | | | | | |
| | arêtes | | | | | | |

24

# 3 - Observe et reproduis.

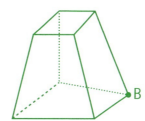

• B

# 4 - Relie le patron au nom du solide.

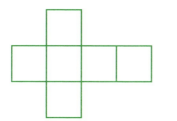

A •                    • pyramide

B •                    • cube

C •                    • prisme

D •                    • pavé droit

# Tracer des cercles

On trace un cercle à l'aide d'un compas.
Son écartement, c'est **le rayon** et la pointe marque le centre.

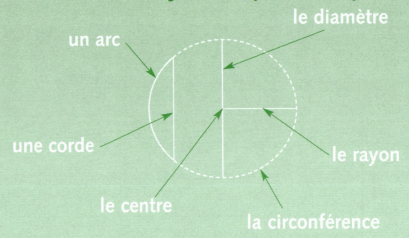

un arc

le diamètre

une corde

le rayon

le centre

la circonférence

**1** - Trace des cercles identiques à l'exemple. Utilise les centres marqués.

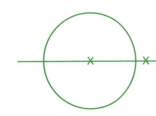

**2** - Complète.

rayon = ………. cm

diamètre = ………. cm

corde = ………. cm

## 3 - Trace les cercles de centre O passant par les points donnés.

x E

x B

x A

x    x F

O

x C

6

x D

## 4 - Trace des cercles.

rayon = 4 cm                    diamètre = 10 cm

x O1                            x O2

2

## 5 - Reproduis à l'identique.

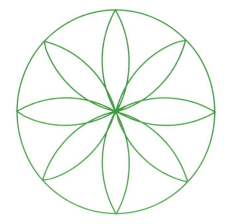

10

# Tableaux de conversion de mesures

## Les mesures de longueur

| km kilomètre | hm hectomètre | dam décamètre | m mètre | dm décimètre | cm centimètre | mm millimètre |
|---|---|---|---|---|---|---|

Périmètre du carré : **P = côté x 4**

Périmètre du rectangle : **P = (Longueur + largeur) x 2**

Périmètre du triangle équilatéral : **P = côté x 3**

## Les mesures de masse

| t tonne | q quintal | kg x 10 | kg kilo-gramme | hg hecto-gramme | dag déca-gramme | g gramme | dg déci-gramme | cg centi-gramme | mg milli-gramme |
|---|---|---|---|---|---|---|---|---|---|

## Les mesures de capacité

| hl hectolitre | dal décalitre | l litre | dl décilitre | cl centilitre | ml millilitre |
|---|---|---|---|---|---|

## Les mesures d'aire

| km² | hm² ha = hectare | dam² a = are | m² | dm² | cm² | mm² |
|---|---|---|---|---|---|---|

Aire du rectangle : **A = Longueur x largeur**

Aire du carré : **A = côté x côté**

Aire du triangle : $A = \dfrac{\text{Longueur x largeur}}{2}$

## Les mesures de volume

| m³ | | | dm³ | | | cm³ | | |
|---|---|---|---|---|---|---|---|---|
| | | | hl | dal | l | dl | cl | ml |

Conception : **L'ovale design**
Mise en pages : **Nadine Aymard**
Illustrations : **Karen Laborie**
Schémas : **Nadine Aymard**
Couverture : **Pouty Design** – Chouette : **Guillaume Trannoy**